Innehåll

(Bilderna är hämtade från Pixabay, som anger att de får användas fritt.

Upphovspersoner inte angivna)

Politik ska byggas på konstruktivt tankeutbyte

Min förhoppning är att boken ska skapa nyfikenhet kring politiskt engagemang och vad det innebär. Min förhoppning är att den ska ge upphov till reflektioner och samtal, både enskilt och i grupp.

Min förhoppning är också att boken väcker insikt om vikten och betydelsen av engagemang i samhällsfrågor.

Jag har femtio års erfarenhet av partipolitiskt arbete och av politiska förtroendeuppdrag. Boken grundas på, främst den egna erfarenheten av svensk politik och hur vägen till att bli politiker kan se ut.

"Det viktigaste är inte varifrån man kommer utan vart man går."
(Svenskt ordspråk)

Steg 1 Du funderar på att engagera dig politiskt

"Ju mer vi intresserar oss för andras välgång, desto mer bygger vi upp vår egen lycka." (Dalai Lama)

Första steget är att klara ut varför du vill bli politiker. Ska politiken vara enbart en karriärväg eller en väg för att påverka samhällsutvecklingen i den idériktning du tror på? Väljer du den första vägen väljer du parti efter var du tror karriärmöjligheterna är störst. Andelen personer, som väljer den vägen förefaller att öka.

På den andra vägen vill de flesta medborgarna se sina politiker vandra De som du får färdas med där är mycket mer stimulerande. Men den ä också mer krävande.

De ideala drivkrafterna är att vilja ha ett bra samhälle och bära på känslan att det är ett etiskt medborgaruppdrag att ta ansvar för sitt samhälle och att skapa tillit till styrelseformen demokrati.

Det har blivit vanligt att medier, främst tidningar, tillhandahåller valkompasser. Sådana kan vara intressanta att använda, men bör inte användas som metod för partival, då du därigenom avstår från sökandet efter ideologisk hemvist.

Använd däremot de ideologiska skalorna, som vägledning. Den vanligaste benämns Höger-Vänsterskalan, en vågrät linje i ett koordinatsystem. Schematiskt uttryckt står höger för marknadsliberalism och kapitalism, och vänster för fördelningspolitik och socialism. En annan skala som, i samhällsdebatten, används allt oftare är GAL-TAN-skalan. GAL står för grönt, alternativt och libertariansk. (Jämför med nyliberal)
TAN står för traditionellt, auktoritärt och nationalistiskt. Försök placera dig någonstans i en av de fyra kvadranterna.

När du vet någorlunda väl var du står ideologiskt och du har läst igeno och känner till olika partiprogram är du redo att välja parti. Vid eventuella frågetecken, ta kontakt med politiker ur partier du tvekar mellan. Du får då svar på dina frågor och hjälp med att ta dig vidare till nästa steg.

Viktigt i det här skedet är att sätta sig in i vad politiskt arbete är. Politikerrollen handlar om det partiinterna arbetet med stora och små frågor, programarbete m.m., om utåtriktat arbete med kontakter med andra människor och om arbete i nämnder och i fullmäktige (riksdag på nationell nivå och EU-parlament på EU-nivå).

Ibland kommer du att, av aktiva politiker, få rådet att att satsa på en hjärtefråga och rent av välja parti efter denna. Att välja parti efter *en* fråga vill jag avråda från. Det är den ideologiska grunden, som måste vägleda dig.

Steg 2 Du kontaktar Ditt parti

"Politik är det möjligas konst." (Otto von Bismarck)

När du är klar över vilket parti du vill stödja och använda som kanal för att påverka, kontaktar du partiet. Du har funnit den ideologiska plattform som bäst överensstämmer med dina åsikter. Säg: Jag vill bli medlem. Jag vill delta aktivt. Jag är intresserad av främst ....Jag vill få information om aktiviteter.

Du får då veta att till partiets möten inbjuds alla medlemmar men att du,

* om du är kvinna kan gå med i även kvinnoorganisationen,

* om du är ung, kan gå med i även ungdomsorganisationen,

* om du är pensionär kan gå med i även pensionärsgruppen och dessutom

* som student kan gå med i även studentföreningen. Vanligen gäller att medlemskap i studentföreningen inte förutsätter medlemskap i partiet.

(Föreningsfrihet råder i Sverige, vilket innebär att man kan vara medlem i mer än ett parti samtidigt. Dock måste avrådas från detta och kan i några fall resultera i uteslutning. Ditt agerande och engagemang skulle också försvåras och ifrågasättas)

Steg 3 Du deltar i aktiviteter

"En vandring på tusen mil börjar alltid med ett steg."
(ordspråk)

När du nu är medlem i ditt parti får du möjlighet att delta i olika aktiviteter, de aktiviteter som intresserar dig. Men inte bara det. Lyssna på medmänniskor och samtala om samhällsfrågor.

Berätta att du blivit medlem i ditt parti. Var dig själv, försök inte spela en roll. När du går på möten ska du inte falla in i mönstret;

det mönster som handlar om att bara höras. Yttra dig när du har något att säga. Våga ställa frågor. Det är personer, med karriären som det viktigaste, som hörs och syns. Men det är inte dessa som i långa loppet inger bästa förtroendet.

Du är nu en del av partiet. Du kommer att få inbjudningar till olika aktiviteter.

Kanske kommer du att slås av tanken att du ju har andra åtaganden och intressen utöver att vara en del av "partiet".

Du kan inte vara med på varje möte.

Det är viktigt att politiskt aktiva personer är med i även andra sammanhang. Du kan, till exempel, på partimöte berätta om synpunkter och upplevelser från ett sådant sammanhang. Återge berättelser du tar del av utanför partiet. Tala om när du upplever skillnader mellan dessa berättelser och partiets berättelse.

Steg 4 Du tar reda på hur partiet är organiserat

"Det är när gräsrötterna sluter sig samman som de bildar en gräsmatta." (Ordspråk)

De politiska partierna är grupper av personer, som organiserat sig för att påverka samhällsutvecklingen i en viss riktning. I första hand tänker vi på partier, som verkar i hela landet. Dock finns även enbart lokalt eller regionalt organiserade partier. De politiska partierna är ideella föreningar. Man fastställer stadgar och tillsätter styrelser.

Partierna ska

* sprida kunskap om den ideologi partierna står för, och

* vara ett stort lyssnande öra, som aktivt fångar in synpunkter för förverkligandet av ideologin.

De olika partierna är vanligen organiserade så att man har lokalföreningar, organisation på länsnivå och organisation på riksnivå. I fall där lokalföreningarna är fler än en finns vanligen mellan lokalföreningarna, en samarbetsorganisation på kommunal nivå. Medlemmarna är vanligtvis anslutna i lokalföreningarna.

Ledningen av partiet har en styrelse i varje förening. Den beslutar om löpande frågor. I principiella frågor, om politiskt program och om nominering av kandidater till olika uppdrag, beslutar medlemmarna, antingen genom utsedda ombud eller genom medlemsmöte.

Ditt deltagande i partiet underlättas om du har kunskap om hur partiet fungerar.

Kanske din reaktion, i början, blir att du känner dig ensam. Du vill att någon, som varit med en tid berättar om partiet och hur man arbetar.

Om du känner någon i partiet, som varit med en tid ta kontakt med den personen eller säg till en ledande person i partiet att du vill ha en fadder. Det är viktigt att finna en kanal för att lufta tankar, inte minst, tveksamheter.

Steg 5 Du lär och ifrågasätter

"Den största svårigheten är inte att få folk att acceptera nya idéer, utan att överge de gamla." (Lars Lindkvist)

Som medlem i ditt parti går du då och då på möten. Du kan inte gå på allt. Du ska ha även ett annat liv

Men, vill du påverka måste du finnas med. Förutom att du går på vissa möten bör du besöka dina fullmäktigegruppers möten (kommunfullmäktige och landstingsfullmäktige). Gå dit för att både lära dig och, minst lika viktigt, ifrågasätta och för att delge partigruppen dina synpunkter. Där möter du några som är duktiga på att prata, men som inte säger särskilt mycket.

Men där finns även personer, som talar när de har någonting att säga. Kanske tänker du:

Var skaffar jag mig kunskaper för att kunna ställa frågor?

Jo, de bästa frågorna och synpunkterna får du från egen erfarenhet.

Tidningsläsning och prenumeration på digitala nyheter ger insyn i vad som är aktuellt i politiken och, framför allt, från samtal med och lyssnande på människor du möter.

Som medlem i ditt parti kommer du nu att få inbjudningar till aktiviteter och annan information. Delta i diskussioner. Du kommer nog inte höra någon relatera till vad många människor tycker, till hur många har det och till hur många ser på politik. Men du gör det. Du är ny och blir lyssnad till, med nyfikenhet. Visa att du har en ideologisk plattform att stå på och skaffa dig så mycket kunskap du kan. Öva med, till exempel, familjen och vänner, att förklara din ideologiska syn.

När ska vi lyssna på andra människor?

Du frågar på ett möte varför partiet har så få möten till vilka även andra
än medlemmar inbjuds. När ska vi lyssna på de människor, som inte ä
partipolitiskt engagerade?, frågar du. I svaret, som försvarar rådande
ordning, anges att det finns ett behov av att regelbundet få samtala om
frågor, som är interna angelägenheter. Jag är säker på att efter mötet
flera personer tänkte på din fråga.

Steg 6 Du går på politiska möten

"Bättre tiga än illa tala." (ordspråk)

Du går nu på en del av ditt partis möten och du besöker
fullmäktigegruppernas träffar. Men, isolera dig inte i partiet. Var medlem
i annan förening också och prata politik med människor du möter. Det
är viktigt att du inte tillägnar dig ett politikerspråk, som inte används i ett
normalt samtal och det är viktigt att du får dina intryck från även andra
än politiker. Berätta för människor du möter att du deltar i politiska
möten och i samhällsdebatten.

Du kanske tänker: jag hinner inte gå på både parti- och föreningsmöte Jag tycker att du kan till ditt parti ibland säga att du kommer inte på grund av att jag ska vara tillsammans med en vän eller familj och att d är engagerad i en annan förening.

Troligtvis möts det med tankar om att sådana politiker vill vi ha.

Blir bemötandet negativt bör du vid något tillfälle uttala sympati för att partiet i något sammanhang nämnt värdet av just att få intryck från äve andra än partikamrater.

Politiska möten är av olika slag. Det kan vara ett möte för att diskutera en fråga eller åhöra ett anförande och möte. Det kan vara ett möte vid vilket finns dagordning med flera punkter.

När du får rollen att leda ett möte är det viktigt att du satt dig in i grunderna för mötesteknik. (Se bilaga)

Steg 7 Du blir engagerad

"Jag antar inte utmaningar, jag söker dem." (H Hågemark entrepreneur)

Du har nu deltagit på olika sätt i politiska samtal. Det är tretton månader innan nästa val, antar vi. Det val, som är tre val och som äger rum vart fjärde år andra söndagen i september. Partierna ska utse ledamöter till kommunfullmäktige, till landstingsfullmäktige och till riksdagen. De partier, som tänker ställa upp i alla tre valen, eller i ett eller två av valen, börjar förbereda sig. EU-valet äger rum vid annan tidpunkt på året, var femte år en söndag i maj.

Första steget handlar om tre huvudaktiviteter. Strategin ska beskrivas, program ska utarbetas och kandidater på listorna ska utses.

Partierna har, möjligen med något undantag, en riksorganisation, en förening på regional nivå, det vill säga länsnivå, och föreningar på lokal nivå. Redan här börjar du, som relativt ny, att tveka. Du tycker kanske att organisationen är krånglig.

Du har svårt att se hur du ska kunna påverka och om du ska hinna med engagemanget. Din tveksamhet är befogad, men ge inte upp nu.

Insikten i organisationsfrågor infinner sig automatiskt. Ägna liten kraft åt dessa. Ställ frågor när oklarheter infinner sig. Du hinner inte med allt. Delta regelbundet, men inte i allt.

Steg 8 Du är med och verksamhetsplanerar

"Tankarna är ideérnas moder." (Ordspråk)

Partiernas riksorganisationer ansvarar för en övergripande verksamhetsplanering, ofta i ett flerårsperspektiv. Inom den planeringen görs en detaljplanering, på riksnivå, på regional och på lokal nivå, dels långsiktiga, dels årsvisa detaljplaner. Lika viktig som planen för olika aktiviteter, verksamhetsplanen, är den ekonomiska planen. Häri ska klaras ut varifrån intäkter ska komma och användningen av dessa.

Inför val, riksdags-, kommunal- och landstingsval vart fjärde år och EU parlamentsval vart femte, ska strategin beskrivas, program ska utarbetas och kandidater på listorna ska utses. Valplanen är valårets verksamhetsplan.

De olika styrelserna diskuterar nu strategin, som ett antal månader före valet skrivs ner och ses som hemlig. Sällan innehåller strategin nya grepp. Här beskrivs vilket material, som ska spridas och vilka aktivitete som ska anordnas. Ibland tillsätts en särskild strategigrupp, vars uppgi är att tänka nytt.

Dock hamnar man ofta i samma arbetssätt som alltid. Man lägger, till exempel, ned mycken tid på torgmöten trots att vi vet att nästan alla bara passerar och konstaterar, nu igen. Det som borde vara huvudaktivitet, *dialogen*, får oftast stå tillbaka för aktiviteter som man hoppas ska ge större publicitet.

Dialogen förs på sociala medier och öga mot öga. Det är nödvändigt, för att få genomslag, att följa och delta i olika sociala medier. Fastna dock inte där. Ingenting överträffar det personliga mötet.

Din tanke kanske: Jag är inte, ännu, beredd att tala på ett torg.

Tala då med människor, ha dialog i vilken du förklarar din och partiets ideologiska syn och visa att du vill lyssna för att få idéer om vägen till förverkligande av ideologin.

Steg 9 Du är med i programarbete

"Bättre att prata med människor än till." (Ordspråk)

Den andra delen, av tre delar, i förberedelserna inför val är utarbetandet av politiskt handlingsprogram. Strategin fastställs vanligen av respektive styrelse, medan program fastställs av högsta beslutande organ, ett representantskap eller ett medlemsmöte. Du har möjlighet att påverka innehållet. En särskild programgrupp tillsätts för att utarbeta ett förslag. Kanske kan du komma med där. Om inte, kan du delta i debatten på det möte i partiet då programmet ska fastställas.

En inledande frågeställning är: Ska vi ha ett program, som utförligt beskriver partiets syn på alla politikområden eller ska vi ha en kortare version med partiets profilfrågor?

Man brukar hamna i att många vill läsa om helheten och därför blir beslutet oftast att utarbeta ett heltäckande program och att också ha mer kortfattat och mer lättläst material.

Till detta kommer det material som utarbetas av partiet på nationell nivå.

När du deltar i diskussionerna om programmet är mitt råd att förbereda dig genom att skriva ner och presentera skriftligt dina synpunkter. Inför det möte där programmet ska fastställas kan det stärka dig i din argumentation om du ser till att någon eller några backar upp dina synpunkter. Viktigt också att du, så långt möjligt, har en ideologisk utgångspunkt för dina argument.

Steg 10 Du är med och utser kandidater

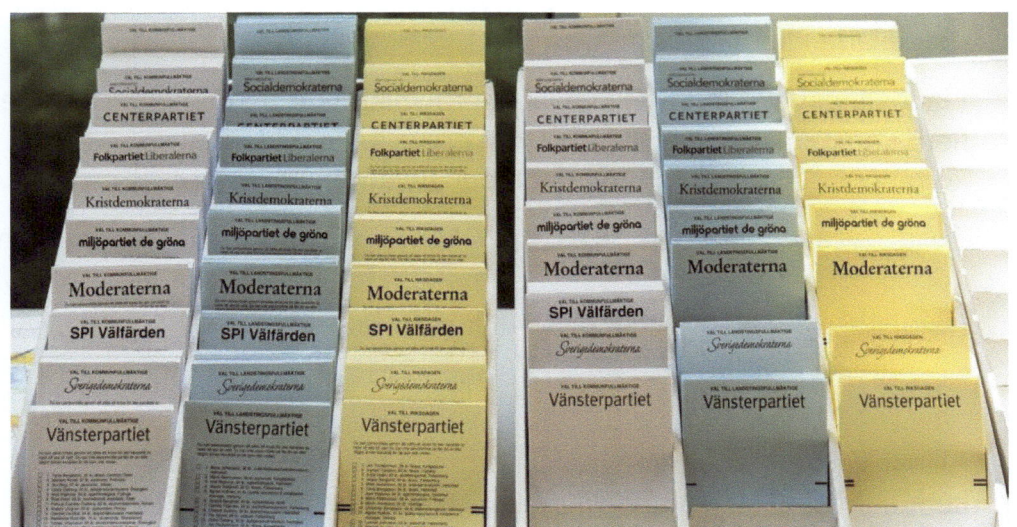

"Var en första klassens version av dig själv, inte en andra klassens version av någon annan." (Judy Garland)

Nu ska kandidater till riksdagen, landstingsfullmäktige och kommunfullmäktige utses. Partiet på länsnivå skickar ut ett brev till samtliga medlemmar i länet och partiet på lokal nivå till medlemmarna inom kommunen. I breven uppmanas medlemmarna att föreslå namn att upptas på valsedlarna till riksdagsvalet respektive landstings- och kommunalvalet.

I riksdagsvalet är landet indelat i 29 valkretsar, i de flesta fall utgörs de av länen. Stockholms,Skåne och Västra Götalands län är emellertid uppdelade i flera.

I landstingsvalet är länet indelat i flera valkretsar och omfattar en eller flera kommuner. I speciella fall kan en valkrets bildas av delar av kommuner eller hel kommun och del av annan kommun.

Enligt vallagen (4 kap 12 §) gäller följande regler: Om en kommun har 36000 personer eller fler som har rösträtt, får kommunen delas in i två eller flera valkretsar av kommunfullmäktige. En kommun som har färre än 36000 personer som har rösträtt får delas in i valkretsar endast om det finns särskilda skäl för det.

Alltså: Valkrets är ett geografiskt område varifrån platserna i kommunfullmäktige, landstingsfullmäktige och riksdagen fördelas mellan partierna. Men vad är då ett distrikt? Jo, det är ett röstningsområde. Ett distrikt ska ha mellan 1000 och 2000 röstberättigade.

Kommunerna ansvarar för genomförandet av valen. Man kan, utan partitillhörighet, anmäla sig som valarbetare. Vi medborgare har också rätt att närvara vid röstsammanräkningen

Steg 11 Partiet tillsätter nomineringskommitté

"Galenskap: att göra samma sak om och om igen och förvänta sig olika resultat." Albert Einstein)

Medlemmarna i ditt parti har nu tyckt till om vilka personer de vill se på valsedlarna till de tre valen. Det fjärde valet, till Europaparlamentet, hålls vart femte år. I det valet är valkretsen hela landet. Innan beslut fattas ska ett förslag utarbetas. Oftast sker det genom att en särskild nomineringskommitté har den uppgiften.

Den kommittén lägger förslag på, inte bara vilka personer som ska upptas och på vilken plats utan också andra principer, till exempel, varannan kvinna - varannan man eller hur många olika valsedlar partie ska ha, (särskild ungdomsvalsedel, en valsedel per valkrets)

Nomineringskommitténs förslag skiljer sig ofta tydligt från provvalsresultatet, eftersom många hänsyn ska tas, utöver att få en jämn könsfördelning.

Hit hör till, exempel, fördelning unga - äldre, fördelning födda i Sverige personer med utländsk bakgrund m. m.

Skulle nomineringskommittén föreslå flera valsedlar i ett val och det beslutande mötet inte tycker likadant blir det beslutande mötet svårhanterligt. Därför är det inte ovanligt att partiets högsta beslutande organ fattat särskilt beslut i sådana frågor som, till exempel, antal valsedlar och till nomineringskommittén gett dessa förutsättningar.

Nomineringskommittén, vanligen tio till tjugo personer, träffas ett stort antal gånger och har också en hel del kontakter. Påtryckningar kan förekomma. På ordföranden i kommittén vilar ett stort ansvar. Hen ska ha kontakt med de som föreslås till en placering på valsedeln och förklara avsteg från provvalet.

Den grupp som ska fatta det slutliga beslutet består, i nästan alla partier, av ombud för medlemmarna. Ombuden har utsetts vid det senaste årsmötet i partiorganisationen. Partier kan välja att, i stället för ombudsmöte, ha ett beslutande medlemsmöte.

Steg 12 Partiet genomför provval

"Demokrati är den sämsta statsformen, bortsett från alla de andra."
(Winston Churchill)

Wikipedia: Provval är i Sverige det val partierna internt genomför för att kunna rangordna de personer i partiet som ställer upp i valen på Europaparlaments-, riksdags-, landstings- och kommunlistor. Endast medlemmarna i respektive parti har möjlighet att rösta i provvalet.

Provvalet är i allmänhet endast rådgivande, och den slutliga listplaceringen bestäms på en nomineringsstämma eller liknande möte

De flesta partier anordnar provval bland medlemmarna. När medlemmarna i ditt parti skickat in förslag på namn att sätta upp på valsedlarna skickar partiorganisationen ut ett brev med frågan om du ä villig att ställa upp i provval inför ett eller två av valen eller alla tre. Det innebär att medlemmarna får rösta på de namn som föreslagits och som accepterat att ställa upp.

Vanligen medger partierna deltagande i endast ett eller två av provvalen.

Bestämmelserna om huruvida man kan kandidera i flera val skiljer sig en del mellan partierna. Om ditt namn föreslås i mer än ett val är det slutligen du som avgör i vilket eller vilka. Ställer du upp i mer än ett va är det viktigt att du klarar ut huruvida det är möjligt att fullgöra flera uppdrag.

Steg 13 Partiet anordnar nomineringsmöte

"Man måste inse problemen för att kunna göra något åt dem."
(Ordspråk)

Vanligtvis bestäms vilka namn, som ska finnas på valsedeln för riksdagsvalet vid ett möte och vilka som ska upptas på sedlarna för kommun- respektive landstingsvalet vid ett annat.

Om beslutet fattas av ombud har vanligen övriga medlemmar rätt att närvara och att yttra sig. Länsstyrelsen fastställer sista tidpunkt för inrapportering av namn på valsedlarna.

Diskussionerna är nästan alltid mycket intensiva och många förslag til ändringar av förslaget framläggs. Diskussionerna har ibland föregåtts av telefonkontakter och påverkansförsök.

Du som finns med på förslaget kan innan mötet ha kontakt med en de av ombuden för att tillförsäkra dig starkt stöd. Dock är det inte mitt råd Delta i stället i diskussionen på mötet när beslutet fattas, dock inte om ditt eget namn är föremål för diskussion.

Betona att det är partiets politik, som ska marknadsföras och inte NN: möjligheter att göra karriär. På kort sikt är din seriösa linje inte lika framgångsrik, men på lång sikt.

De nya fullmäktigeförsamlingarna tillträder omedelbart efter valet.

Partiets representanter i nämnder och styrelser utses på samma sätt efter att en särskild nomineringskommitté inhämtat information om medlemmarnas intresse av att åta sig uppdrag. Den särskilda nomineringskommittén lägger därefter förslag till beslutsmötet. De nya nämnderna och styrelserna tillträder från och med januari, året efter valet

Steg 14 Du står på en valsedel

"Det omöjliga tar bara lite längre tid." (Winston Churchill)

Ditt namn kommer att finnas på en valsedel, eller kanske rentav två valsedlar. Det innebär att du dels ska delta i partiets valrörelse, dels bedriva en personvalrörelse. Här kan uppstå en konflikt. Det finns exempel på politiker, som ägnar sig nästan uteslutande åt att marknadsföra sin egen person.

Det finns andra som är dåliga på att berätta vem man själv är och vad man står för. En annan frågeställning är huruvida man kan avvika från partiets politik, i syfte att till exempel bättre nå ut.

Tänk igenom detta noga innan valrörelsen startar. Du ställer upp för di' parti och sålunda är ett av partiets öron och en av dess opinionsbildare I det arbetet ska du presentera dig själv och med egna ord i till exempe en folder beskriva hur du kommer att agera, vilka frågor du brinner me för, i ditt kommande arbete som förtroendevald. Har du mot partiet avvikande mening i någon fråga bör du med dess styrelse ta upp det.

Jag tycker det ska finnas stor frihet att ge en egen syn på en del frågo Däremot måste partiet kunna kräva att du ansluter dig till grunderna i partiets politik. Dock måste du ha full frihet att till exempel framföra vissa frågor som de viktigaste även om partiet prioriterar dessa lågt.

Nu ska du ta ställning till hur du ska sprida partiets politik och hur du ska göra dig känd. Det som passar den ene passar inte den andre. Någon ser till att ha en kampanjgrupp med uppgift att tala om att det ä på dig man bör rösta. Annonser, utspel, torgmöten, dörrknackning, artiklar, insändare, affischer, trycksaker, inlägg i sociala medier och deltagande i debatter är de vanligaste metoderna för att nå ut. Du kan inte välja alla. Välj de metoder, som passar dig bäst och som du tror nå fram. Missa inte det personliga mötet med människor. Se till att profiler dig. Så länge du står kvar på partiets ideologiska plattform bör du se ti att förknippas med ett par frågor, som är just dina.

Steg 15 Du går på sammanträden

"Utbildning är det bästa verktyget för att förändra världen." (Nelson Mandela)

"Kommunerna synes vara den nivå på vilken det demokratiska inflytandet är tydligast och effektivitet kunna nås. Rimligt vore att se kommunerna som den naturliga arenan för all offentlig verksamhet. Där finns närheten. En samverkan mellan kommuner, som blir en naturlig följd, inom vissa sektorer, såsom sjukvård och kollektivtrafik, kan bidra till effektivitet och kreativitet."

Ur egen debattartikel

"Omorganisera, lagstifta och utreda är de vanliga åtgärderna när brister i offentlig verksamhet uppstår. Det förefaller också finnas en tro hos våra beslutsfattare på att själva tillkomsten av en lag förändrar verkligheten."

Ur egen debattartikel

Men varför bry sig så mycket om hur man organiserar? Jo, därför att det är en demokratisk fråga huruvida man kan utläsa och utkräva ansvar. Medborgarna måste kunna förstå kommunens och landstingets organisation.

Ur egen debattartikel

Att arbeta i en beslutandeförsamling, såsom riksdagen, landstings/regionfullmäktige, kommunfullmäktige och nämnder och styrelser, innebär att man läser handlingar, lägger förslag och deltar i beslutsfattande. Men, det innebär också att man har samarbete med partiets organisation.

Nu är du inne i en roll med vilken du ska påverka den praktiska politiken. Medlen att välja mellan är många.

Du kan driva kampanj för att skapa förutsättningar för genomslag för dina frågor. I en nämnd kan du, förutom att argumentera för dina åsikter i ärendena på dagordningen, skicka skrivelse till nämnden med förslag om ett visst beslut i en viss fråga.

I fullmäktige påverkar du politiken genom att delta i debatten och rösta enligt din uppfattning. Detta dock en sanning med modifikation. I de flesta ärenden sker överenskommelse i den egna partigruppen om vilken ståndpunkt partiet ska inta. Viktigt att du då, om du har en annan mening, talar om det i förväg. I stora principiella frågor krävs att partiet är enigt. Du har då att välja mellan att inte delta i sammanträdet och att ansluta dig till gruppmajoritetens uppfattning.

* Motion

* interpellation

* fråga

är andra verktyg.

Motionen består av en motiverande text och ett konkret förslag till beslut. Interpellation är begäran att få ställa fråga till en viss ordförande. Syftet är att få en debatt i frågan. Enkel fråga får inte ha någon motivering och debatt förs mellan endast frågeställaren och den ordförande frågan riktas till. (I riksdagen sker ingen debatt om en enkel fråga . Den besvaras endast skriftligt av det statsråd frågan riktas till).

Om du ogillar ett beslut i din nämnd kan du markera ditt ogillande genom att anmäla reservation, antingen skriftlig, i vilken du skriver ner varför du röstade mot beslutet, eller reservation till protokollet, vilken innebär att det tydliggörs i protokollet att du var emot. I en fråga, där du inte var emot beslutet, men tycker att du vill tydliggöra något, kan du inlämna ett särskilt yttrande.

Om att ta politiskt ansvar

EU fungerar inte som det var tänkt; att vara en freds- och miljöorganisation. Den pågående miljöförstöringen med minskande biologisk mångfald, förorening av hav och klimatförändringar kan inte stoppas om inte de andra är med och tar sitt ansvar. Europeiska Unionen präglas allt mer av steg tillbaka till ökad nationalism. Staten misslyckas med sin, genom lagstiftningen, styrande uppgift. Staten misslyckas med sitt verksamhetsansvar för till exempel, polisverksamheten. Landstingen och kommunerna lever inte upp till lagkrav på jämlik vård med hög kvalitet respektive jämlik förskola och skola med hög kvalitet. Landstingen styrs inte av dess politiker. Kommunerna delegerar allt mer av beslutanderätt till tjänstemän. Det blir allt längre avstånd mellan våra valda representanter i politiska beslutsförsamlingar och medborgarna.

Det här är synpunkter, som förekommer både i media och i form av påståenden från medborgare. Sant eller överdrivet. Subsidiaritetsprincipen gäller i EU. Miljöförbättringar och fredsskapande är huvuduppgifter för Europaparlamentarikerna. Vi måste ställa krav på att dessa uppgifter fullgörs. Många exempel finns på att det är nationalstaterna, som representerar krigskultur. Svenska representanterna i EU – politiken kan och måste gå före i ett arbete fö att sprida en ickevåldskultur. EU behövs. Samarbete skapar framgång Att gå före och visa vägen skapar framgång.

På nationell nivå måste gälla att varje beslut om en lag eller förordning måste leda till en tydlig strategi för hur staten ska få genomslag för lagen i fråga. Vad staten behöver utreda är hur den ska klara sin styrande uppgift.

Både verkligheten och statsvetenskaplig forskning visar att den politiska styrningen, av landstingen och regionerna, är nästan obefintlig. I media är det vanligtvis tjänstemän, som uttalar sig, i även frågor av politisk art. Behövs den regionala nivån?

Även på den kommunala nivån finns tecken på ökat avstånd mellan förtroendevalda och medborgarna. Komplexiteten i och mängden av frågor att hantera tvingar de kommunala nämnderna till delegering av beslutanderätt till experter med den följden att medborgarnas valda representanter fjärmas från frågorna. Här finns en tro på att sociala medier skapar närhet. Facebook- och Twitterinlägg gjorda av politiker läses dock av, främst, andra politiker.

Det är genom möten och medborgarnas deltagande i de lokala angelägenheterna på vägen mot beslut som demokratin kan stärkas. Det är genom koncentration på vad som är politik, som styrningen kan förbättras.

Bilaga

Mötesteknik

Vid möten där beslut ska fattas utses mötesfunktionärer.

Ordföranden leder mötet

Sekreterare skriver protokollet

Justeringspersoner granskar sekreterarens utkast till protokollet

Rösträknare (vid större möten) utses för att räkna röster vid votering

Inför ett beslutsmöte skickas kallelse och dagordning, vanligtvis, ut i förväg. Under mötet ska ordförande hålla ordning på vilka som begär ordet.

När en fråga har diskuterats färdigt, frågar ordförande om mötet är red för att gå till beslut och läser upp de olika förslag som framkommit. När ordförande ställer de olika förslagen mot varandra kallas det för att ställa proposition.

När mötet är redo för att fatta beslut, görs detta oftast med acklamation dvs med ja- och nejrop.

Om det visar sig att mötet inte är enigt när beslut ska fattas, sker oftast en omröstning som kallas votering. Vem som helst av deltagarna vid mötet kan ropa "votering" om man anser att ordföranden inte har uppfattat röstningen korrekt.

En votering kan genomföras på olika sätt. Det vanligaste är att ordförande föreslår en försöksvotering med handuppräckning. Detta innebär att deltagarna istället för att ropa ja eller nej, räcker upp handen när ordförande frågar om de olika förslagen.

Oftast kan det vara lättare att avgöra vilket förslag som har övervikt då. Skulle någon deltagare fortfarande inte var nöjd med ordförandes beslut, kan man återigen ropa votering och denna gång sker det med rösträkning. Deltagarna räcker återigen upp händerna för det förslag de vill ska vinna, och rösträknarna som utsetts räknar då dessa personer.

Det finns även något som kallas för sluten omröstning och det innebär att varje mötesdeltagare skriver sitt beslut på en lapp som sedan räknas samman av rösträknarna. Sluten omröstning används oftast vid personval då det finns fler kandidater än vad som ska utses. Man kan också använda sig av sluten omröstning om det är en fråga som man inte öppet vill visa sitt ställningstagande i.

Om en person på mötet vill ta upp en praktisk fråga som inte har med diskussionen om sakfrågan att göra, kan denna person begära ordningsfråga och därmed bryta talarlistan. En ordningsfråga kan till exempel handla om att man vill ge en sakupplysning, att man vill att mötet ska ta en paus eller kanske till och med om att man inte tycker att ordförande leder mötet på ett korrekt sätt.

Politik på Gott och ont

av

Harald Nordlund

Samhällsutvecklingen styrs i allt mindre grad av politiker. Förklaringen
är inte så enkel att man bara kan konstatera att media och andra
organisationer än de politiska partierna blivit starkare aktörer. Politiker
ägnar sig för lite åt politisk styrning och för mycket åt uppgifter som int
är politiska och som sköts bättre av experter. En fördjupning av denna
politikens kris kan förhindras genom utbildning av politiker. I denna bo
uttrycker jag oro över att ideologi i allt högre grad får vika för
karriärambitioner och kortsiktigt ekonomiskt tänkande.
Sammanställningen (tryckår 2008) är tänkt att ge bilden av en starkt
engagerad politiker, som efter fyrtio års aktivt politiskt arbete känner
frustration inför svårigheter att åstadkomma förändringar. Möjlighetern
finns emellertid i kommande politiska utmaningar.